寻美岭南

南越符号

岭南美术出版社 编

嶺南美術出版社
中国·广州

图书在版编目（CIP）数据

南越符号／岭南美术出版社编 . -- 广州：岭南美术出版社，2019.8
（寻美岭南）
ISBN 978-7-5362-6822-7

Ⅰ . ①南… Ⅱ . ①岭… Ⅲ . ①古器物—拓片—中国—西汉时代—图集 Ⅳ . ① K871.412

中国版本图书馆CIP数据核字（2019）第 155985 号

总 策 划：李健军
责任编辑：刘 音 林 怡 陈 斐 梁静雯
责任技编：谢 芸
装帧设计：林 琳 何志雄
本书图片均由 西汉南越王博物馆 授权。

寻美岭南
XUNMEI LINGNAN

南越符号
NANYUE FUHAO

出版、总发行：	岭南美术出版社（网址：www.lnysw.net） （广州市文德北路 170 号 3 楼　邮编：510045)
经　　　销：	全国新华书店
印　　　刷：	广州市天盛印刷有限公司
版　　　次：	2019 年 8 月第 1 版 2019 年 8 月第 1 次印刷
开　　　本：	787mm×1092mm　1/32
印　　　张：	8
字　　　数：	40 千字
印　　　数：	1—1000 册
ISBN 978-7-5362-6822-7	
定　　　价：	68.00 元

南越符号

NANYUE FUHAO

南越国历史

公元前221年,秦始皇统一六国,公元前214年在岭南,设南海郡、桂林郡、象郡。秦末农民起义,原秦将赵佗于公元前203年据岭南三郡建立南越国,以番禺(今广州)为都城,自称武王。公元前183年吕后专权,她采取的别异蛮夷、禁止汉越边贸等做法激怒了赵佗,使他开始与汉"分庭抗礼",自称南越武帝。汉文帝继位后,汉越重修旧好,恢复边贸。赵佗死后,其孙赵眜(史载为赵胡)继位,在位16年,之后继位的南越王分别为赵婴齐、赵兴、赵建德。南越国共传五主,历93年,公元前111年为汉武帝所灭。1983年,位于广州象岗山的南越国第二代王赵眜的陵墓被发现,考古人员进行了科学发掘,共出土文物1000余件套,是我们了解南越国的历史、经济、文化的一座宝库。南越国的统治者与中央政权保持着和平共处的关系,为岭南带来了先进的生产工具、生产技术和科学文化,对岭南的早期开发起到了关键作用;他们妥善处理国内的多民族问题,使各民族和谐共处并在文化交流中推动南越社会的发展,共同创造了多元的岭南文明;南越国依山面海,交通便利,是大陆与海外文化交往的重要桥梁,优越的海洋文化使南越文明更加包容和独特。随着历史的发展,百越文化在今天已经基本消失了,但南越王墓出土的代表着越族文化的器物却为现存和已经消失的越族文化提供了实物见证。南越王墓出土文物所表现出的鲜明的区域文化与多元文化特色,让南越王墓在诸侯王墓中地位独特。

三彩花卉纹扁方形枕 [唐代]

天青釉如意形枕 [北宋]

	壹 Mon.	贰 Tue.	叁 Wed.

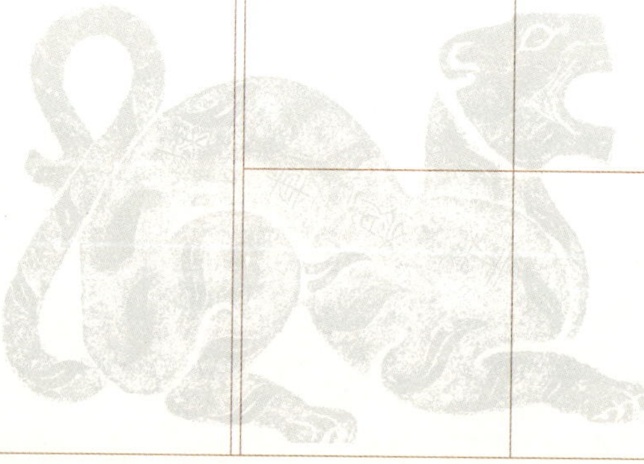

肆 Thur.	伍 Fri.	陆 Sat.	日 Sun.

	壹 Mon.	贰 Tue.	叁 Wed.

肆 Thur.	伍 Fri.	陆 Sat.	日 Sun.

	壹 Mon.	贰 Tue.	叁 Wed.

肆 Thur.	伍 Fri.	陆 Sat.	日 Sun.

壹 Mon.	貳 Tue.	叁 Wed.

肆 Thur.	伍 Fri.	陆 Sat.	日 Sun.

壹 Mon.	貳 Tue.	叁 Wed.

肆 Thur.	伍 Fri.	陆 Sat.	日 Sun.

壹 Mon.	貳 Tue.	叁 Wed.

肆 Thur.	伍 Fri.	陆 Sat.	日 Sun.

	壹 Mon.	贰 Tue.	叁 Wed.

肆 Thur.	伍 Fri.	陆 Sat.	日 Sun.

	壹 Mon.	贰 Tue.	叁 Wed.

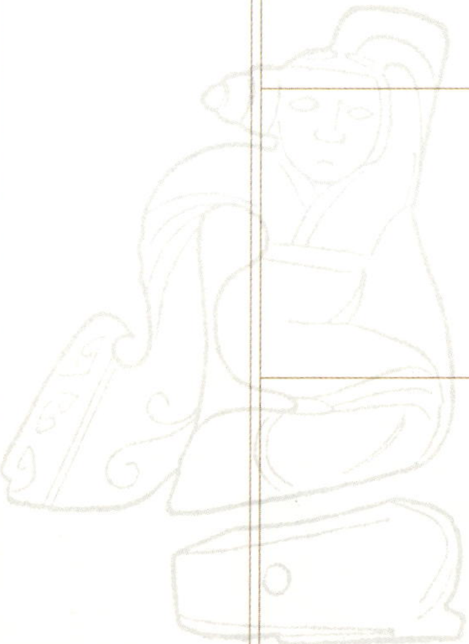

肆 Thur.	伍 Fri.	陆 Sat.	日 Sun.

	壹 Mon.	贰 Tue.	叁 Wed.

肆 Thur.	伍 Fri.	陆 Sat.	日 Sun.

	壹 Mon.	贰 Tue.	叁 Wed.

肆 Thur.	伍 Fri.	陆 Sat.	日 Sun.

	壹 Mon.	贰 Tue.	叁 Wed.

肆 Thur.	伍 Fri.	陆 Sat.	日 Sun.

	壹 Mon.	贰 Tue.	叁 Wed.

肆 Thur.	伍 Fri.	陆 Sat.	日 Sun.

南越符号

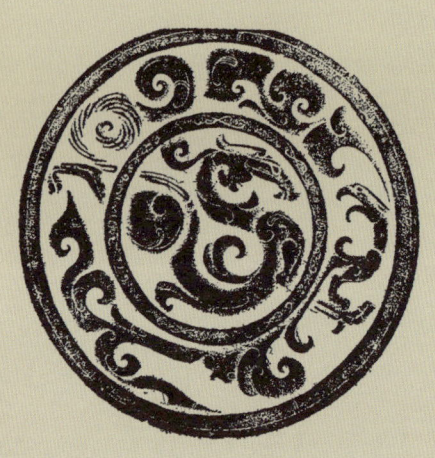

透雕龙凤纹重环玉佩

南越符号

NANYUE FUHAO

透雕三龙纹玉环

南越符号
NANYUE FUHAO

透雕龙凤纹璧

南越符号

NANYUE FUHAO

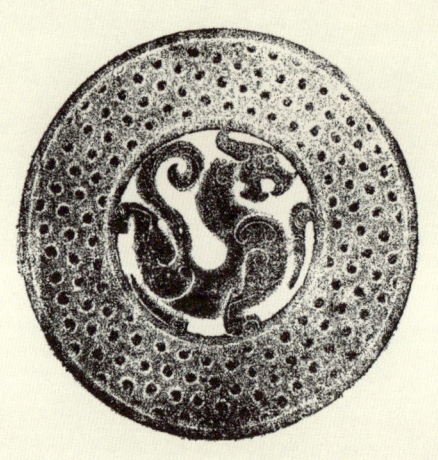

透雕龙纹玉璧

南越符号

NANYUE FUHAO

透雕龙螭纹玉环玉璜

南越符号
NANYUE FUHAO

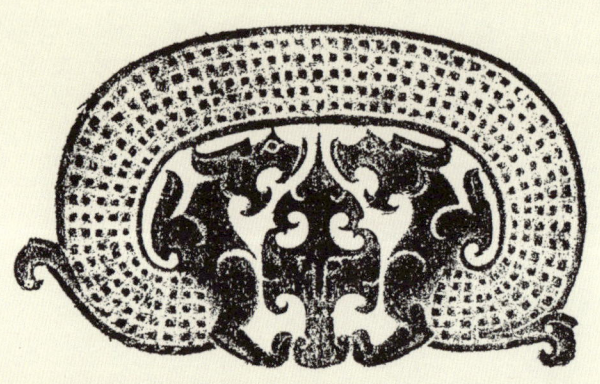

透雕连体双龙佩

南越符号
NANYUE FUHAO

"王命=车徒"虎节

南越符号
NANYUE FUHAO

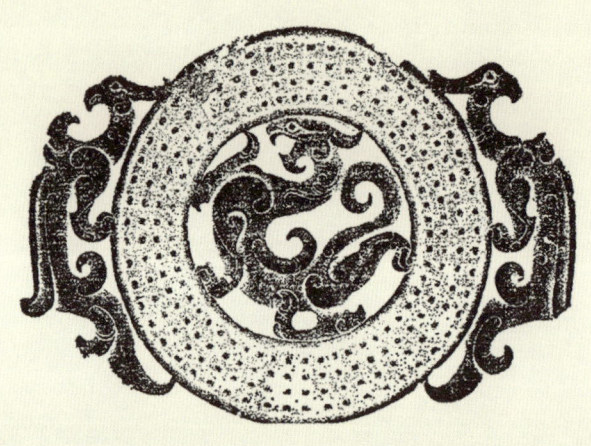

透雕龙凤纹青玉璧

南越符号

NANYUE FUHAO

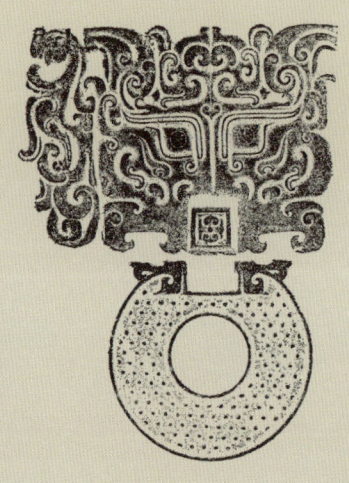

兽首衔璧玉佩

南越符号
NANYUE FUHAO

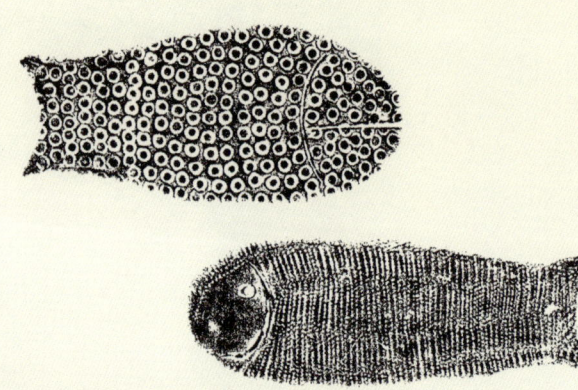

鱼形陶响器

南越符号
NANYUE FUHAO

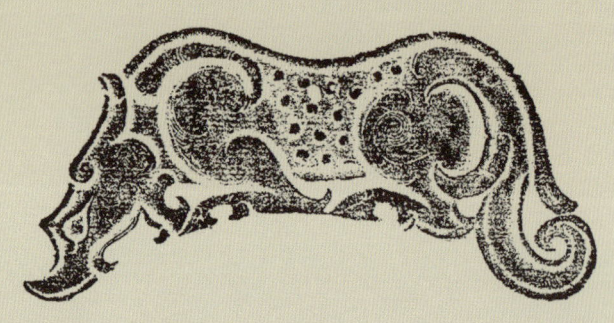

犀形玉璜

南越符号

NANYUE FUHAO

虎头金钩扣玉龙

南越符号
NANYUE FUHAO

龙虎并体玉带钩

南越符号
NANYUE FUHAO

鎏金铜铺首

南越符号
NANYUE FUHAO

博山状鎏金铜瑟枘

南越符号
NANYUE FUHAO

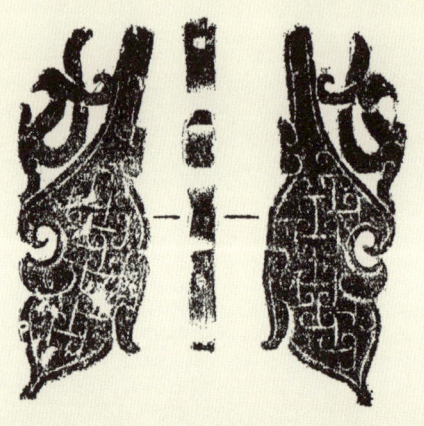

花蕾形佩

南越符号
NANYUE FUHAO

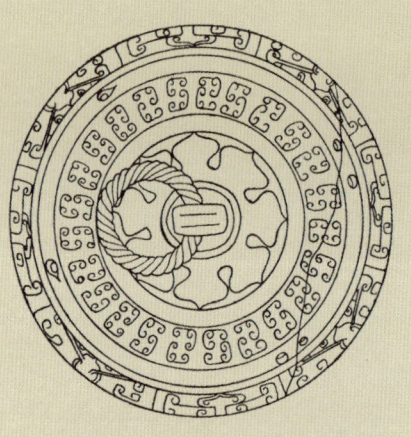

玉盒

南越符号
NANYUE FUHAO

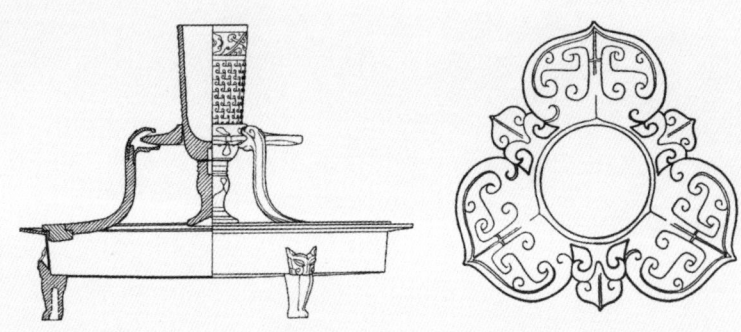

铜承盘高足玉杯

南越符号 NANYUE FUHAO

玉舞人

南越符号
NANYUE FUHAO

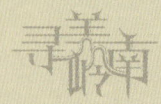

鎏金铜牌饰

南越符号
NANYUE FUHAO

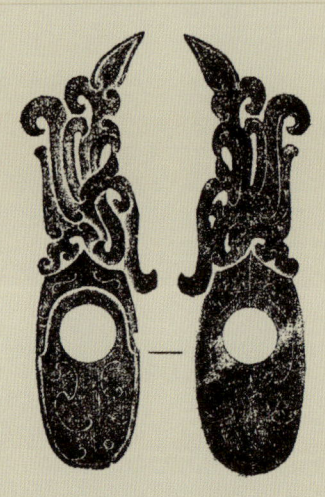

鞢形玉佩饰

南越符号
NANYUE FUHAO

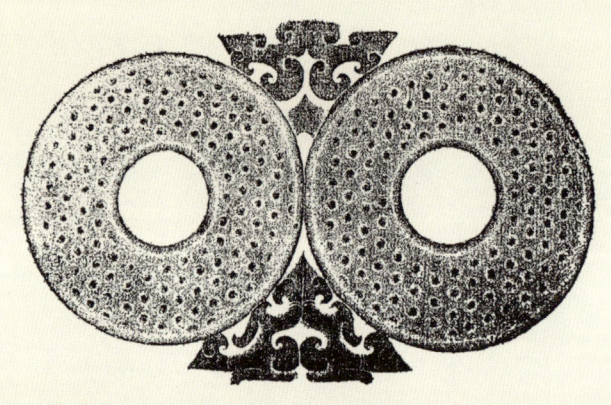

涡纹双连玉璧

南越符号
NANYUE FUHAO

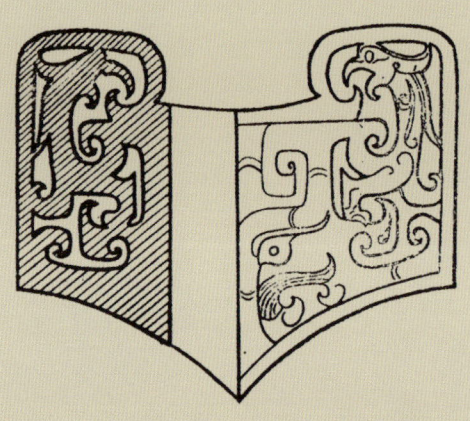

玉剑格

南越符号

NANYUE FUHAO

玉剑珌

南越符号
NANYUE FUHAO

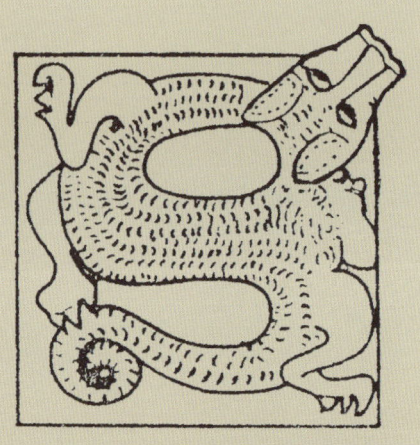

"文帝行玺"龙钮金印

南越符号

NANYUE FUHAO

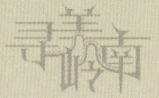

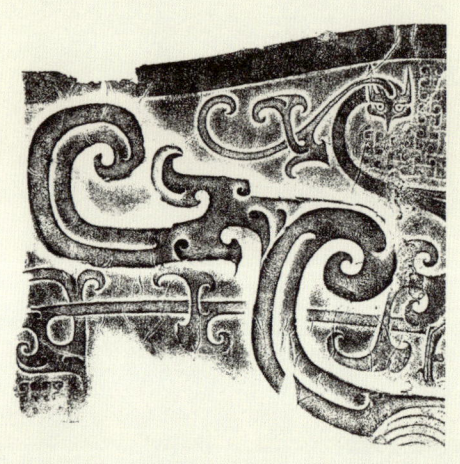

角形玉杯

南越符号
NANYUE FUHAO

缠绕式龙纹铜镜

南越符号

NANYUE FUHAO

玉器再佩

南越符号
NANYUE FUHAO

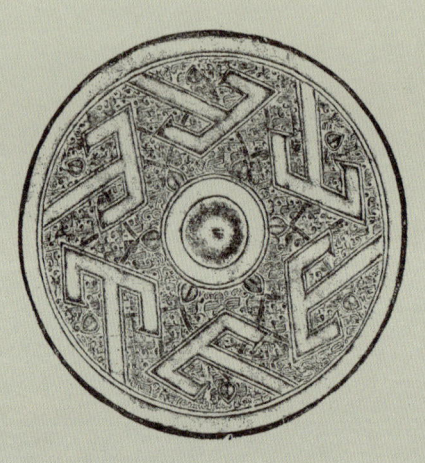

六山纹铜镜

南越符号
NANYUE FUHAO

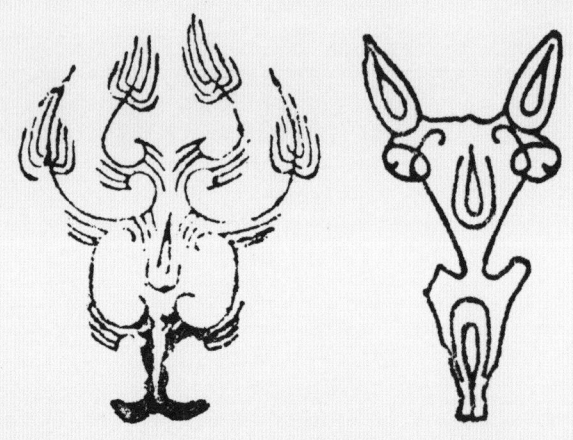

印花铜板模

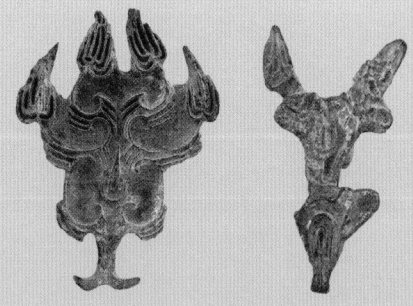

南越符号

NANYUE FUHAO

南越符号

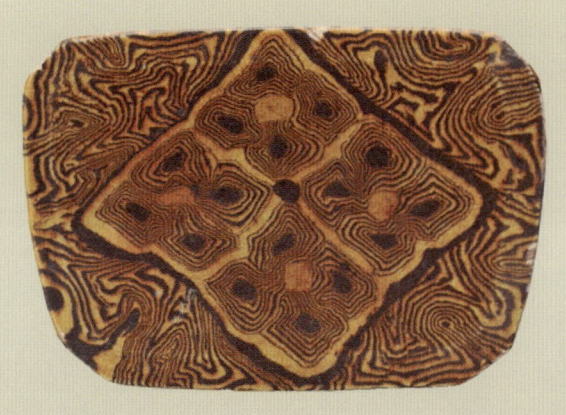

黄釉绞胎菱花纹长方形枕 [晚唐]

南越符号 NANYUE FUHAO

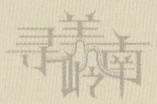

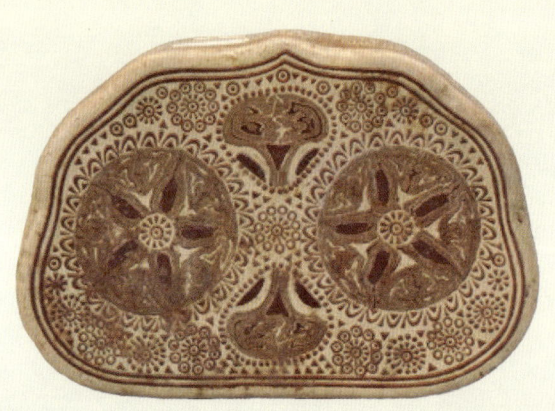

黄釉绞胎印花如意形枕 [晚唐至北宋初]

南越符号

NANYUE FUHAO

绿釉绞胎印花如意形枕 [晚唐至北宋初]

南越符号

NANYUE FUHAO

黄釉绞胎双狮座枕 [晚唐]

南越符号

NANYUE FUHAO

珍珠地刻"德福"铭腰形枕 [唐代]

南越符号 NANYUE FUHAO

珍珠地飞凤纹如意形枕 [唐代]

南越符号
NANYUE FUHAO

釉下褐彩花卉纹长方形枕 [唐代]

南越符号
NANYUE FUHAO

白地划折枝莲纹束腰形枕〔五代〕

南越符号

NANYUE FUHAO

黑褐釉刻花如意形枕〔北宋〕

南越符号

NANYUE FUHAO

酱釉卧狮座枕 [北宋]

南越符号
NANYUE FUHAO

绿釉褐彩双鸭纹腰形枕 [北宋]

南越符号

NANYUE FUHAO

白地黑花持荷娃娃腰形枕 [北宋]

南越符号
NANYUE FUHAO

"张家造"款白地黑花芦苇蚂蚱纹腰形枕 [北宋]

南越符号
NANYUE FUHAO

白地剔黑一束莲纹八角形枕 [北宋]

南越符号
NANYUE FUHAO

白地剔缠枝金钱纹海棠形枕 [北宋]

南越符号
NANYUE FUHAO

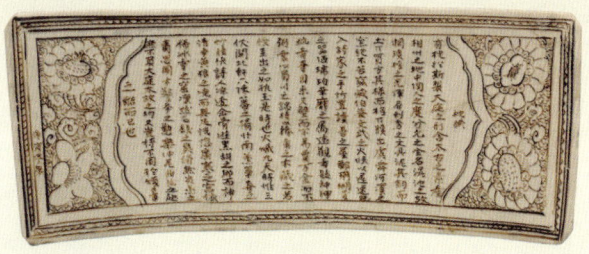

白地黑花"枕赋"铭长方形枕 [金至元]

南越符号
NANYUE FUHAO

三彩刻莲凫纹腰形枕 [北宋]

南越符号
NANYUE FUHAO

绿釉刻"大石调"诗文腰形枕 [北宋]

南越符号
NANYUE FUHAO

黑褐彩奔兔卧妇枕 〔金代〕

南越符号
NANYUE FUHAO

白地黑褐彩飞雁行虎纹虎形枕﹝金代﹞

南越符号

NANYUE FUHAO

三彩剔花填黑婴孩纹三瓣花形枕 [金代]

南越符号

NANYUE FUHAO

酱黄釉划兔纹八角形枕 [金代]

南越符号
NANYUE FUHAO

红黑彩如意形狮座枕 [元末明初]

南越符号
NANYUE FUHAO

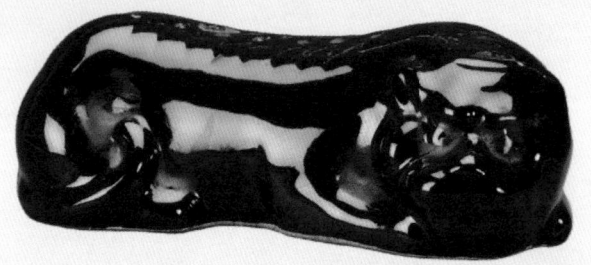

黑釉虎形熏枕 [清末至民国]

南越符号

NANYUE FUHAO

彩绘花鸟纹束腰形枕 [民国]

南越符号

NANYUE FUHAO